Lb 1552.

NOTE

SUR DES

MOYENS DE RÉSOUDRE LE PROBLÈME

DE LA

SITUATION INTÉRIEURE ET EXTÉRIEURE

De la France (1).

———

Quand on examine attentivement la situation de la France, on la trouve, pour ainsi dire, placée dans un cercle vicieux.

Toutes les puissances de l'Europe maintiennent d'innombrables armées sur pied de guerre, et semblent nous menacer sans cesse d'un prochain envahissement.

De notre côté, nous nous tenons également sur un pied de guerre formidable, nous sommes prêts à entrer en campagne au premier mouvement que feraient nos voisins.

---

(1) A Paris, chez Fauqueux, rue de Richelieu, n. 28.

1832

A l'intérieur, les partis sont en présence, la moindre circonstance fait éclater des troubles.

Nous vivons au jour le jour ; on est inquiet, on tremble pour le lendemain, on n'ose pas engager des capitaux dans des entreprises de quelque durée ; les relations industrielles languissent.

Et chacun dit : « Tant que l'Europe sera ainsi ar-
» mée, tant que la France sera livrée à l'agitation
» des partis, le commerce ne reprendra pas, notre
» situation financière s'aggravera de plus en plus par
» les dépenses énormes que nécessite cette situa-
» tion. »

Et personne ne songe que si la politique (dont tout le monde s'occupe) a une grande influence sur la prospérité des peuples, le réglement de leurs intérêts matériels peut aussi avoir une grande influence sur la politique intérieure et extérieure de chacun d'eux.

Il n'est pas plus permis à un gouvernement de s'occuper exclusivement de politique, en négligeant les intérêts matériels, qu'il ne lui serait possible de porter toute son attention sur des intérêts matériels en cessant de s'occuper de politique.

Si en effet il est possible d'améliorer, par des lois favorables à tous, le sort de notre agriculture et de notre industrie ; quelles que soient les circonstances politiques actuelles, on doit s'empresser de rendre ces lois ; car, par cela seul que nous nous occuperons d'améliorations intérieures, nous donnerons aux puissances étrangères la preuve que nous n'avons que des intentions pacifiques, et dès lors elles ne craindront plus que nous leur fassions des guerres de propagande ou de conquêtes.

Si l'on réalisait les améliorations qui sont maintenant praticables (et il y en a beaucoup qui le sont), les partis seraient désormais sans influence sur les classes laborieuses, qui maintenant peuvent être égarées si facilement.

On demanderait alors à ceux qui s'agiteraient ce qu'ils feraient de mieux s'ils étaient au pouvoir, et s'ils ne pouvaient rien indiquer, ils seraient convaincus d'impuissance.

Quels que soient ses embarras politiques, intérieurs et extérieurs, un gouvernement ne doit jamais négliger ce qui touche aux intérêts matériels de la nation aux destins de laquelle il préside.

Les assemblées qui ont été le produit de la révolution de 1789, ont bien su tout à la fois faire face aux circonstances politiques les plus graves, et en même temps réformer tout notre ancien système financier, remplacer mille coutumes par une législation unitaire, abolir les droits féodaux, simplifier les formes de la justice civile et criminelle, fonder l'école polytechnique et le bureau des longitudes, organiser l'Institut et les écoles centrales, créer le grand livre de la dette publique et établir le nouveau système métrique.

C'est pendant l'immense crise révolutionnaire de 1792 qu'a été rendue la loi qui, en abolissant les substitutions, a influé d'une manière si notable sur la prospérité de notre agriculture.

Napoléon n'a-t-il pas doté la France d'une foule de lois d'une utilité réelle, et n'a-t-il pas fait rédiger ses codes en même temps qu'il faisait la guerre à toute l'Europe?

Depuis deux ans nous ne sommes en guerre avec personne, nous avons seulement des craintes de guerre, mais ces craintes préoccupent tellement tous les hommes d'état, que tous projets d'amélioration sont abandonnés, comme si la France devait cesser de marcher vers les réformes qui doivent concourir à sa prospérité, parce qu'il plaît aux souverains du nord de nous déclarer en état de suspicion vis-à-vis de leurs peuples, et de ceindre nos frontières par leurs armées.

Si la seule crainte de la guerre nous paralyse ainsi dans la réalisation de toutes les vues utiles, que ferions-nous donc si la guerre venait à éclater sérieusement?

Cependant les luttes des partis qui s'agitent maintenant à l'intérieur ne sont pas assez graves pour nous absorber à tel point que nous cessions de nous occuper de porter remède à la crise industrielle que nous subissons.

Pour rompre le cercle vicieux dans lequel nous

sommes placés, il faut que les hommes qui président aux destinées du pays embrassent d'un seul coup d'œil et fassent marcher de front les intérêts politiques et les intérêts matériels qui leur sont confiés.

Ce n'est pas que l'on prétende que le gouvernement doive se mettre à diriger les travaux industriels et agricoles de la France. Le gouvernement n'a point à s'ingérer dans des entreprises de ce genre; il doit seulement s'occuper de lever les obstacles que la législation actuelle oppose aux travaux de tous genres; et, de son côté, la nation trouvera dans l'application des principes et des sentimens d'association qui sont en elle, tous les élémens d'un meilleur avenir.

Si le gouvernement se décide à s'occuper sérieusement des questions législatives qui doivent influer sur la prospérité industrielle du pays, et de celles qui doivent mettre fin à nos débats politiques, il n'a qu'à choisir.

Beaucoup de travaux d'utilité publique sont maintenant suspendus, parce que dans l'état actuel de la législation, il faut 4 ou 5 ans pour liquider les prétentions excessives des propriétaires qui se trouvent sur la ligne; des travaux à exécuter; qu'une loi plus large que celle qui a été présentée à la session dernière concilie l'intérêt des propriétaires avec celui de la chose publique.

Les céréales se maintiennent toujours à un prix

élevé, malgré la dernière loi qui a été votée ; qu'une loi plus libérale diminue progressivement les obstacles qui s'opposent à l'introduction des blés étrangers, et garantisse à l'avenir que le prix du pain ne sera jamais plus élevé en France que dans les pays voisins de nos frontières.

Il est maintenant très-difficile de faire des emprunts sur immeubles, par suite de la complication de nos lois hypothécaires ; qu'une loi nouvelle, plus favorable à l'agriculture et par suite à l'industrie, donne aux propriétaires les moyens de tirer facilement tout le parti possible de leurs propriétés.

Les formes de notre procédure civile sont encore si lentes, si compliquées et si dispendieuses, que souvent des commerçans ont peut-être été obligés de cesser leur paiemens, faute d'avoir pu obtenir assez promptement le paiement de ce qui leur était dû.

Les formalités relatives aux faillites sont ruineuses pour les débiteurs et pour les créanciers ; qu'une loi nouvelle obvie à tous ces abus.

Le pays attend, en outre, une loi qui complète l'organisation municipale et départementale ; une loi sur la liberté de l'enseignement ; une loi sur le conseil d'état considéré comme corps judiciaire et comme corps administratif préparant les lois ; une loi sur le droit de fonder des banques.

Enfin, parmi les nombreuses critiques dont les divers impôts ont été l'objet, il en est quelques-unes qui sont fondées; il y a quelque chose à faire pour réaliser plus complétement cette promesse de la charte de 1830, d'après laquelle les Français doivent contribuer indistinctement aux charges de l'état, dans la proportion de leur fortune; que l'on fasse droit à ce qu'il y a de fondé dans les réclamations qui ont été faites à cet égard.

Que le gouvernement annonce hautement l'intention de marcher dans cette voie. A mesure qu'un projet de loi sera assez élaboré, qu'il soit publié par le Moniteur (1), pour que les écrivians périodiques qui ont de véritables connaissances pratiques fassent connaître leurs observations, pour que ceux qui ne savent qu'agiter les passions soient visiblement reconnus comme incapables de traiter des questions utiles; et pour qu'enfin les débats parlementaires n'aient plus à porter que sur les questions que la publicité aura laissées indécises.

Il est possible de résoudre tous les problèmes que présentent les diverses matières qui viennent d'être indiquées sans blesser les droits acquis, et en donnant cependant satisfaction aux intérêts qui souffrent. On en indiquera les moyens dans un plus grand détail lorsque le gouvernement manifestera d'une manière positive l'intention d'entrer dans cette voie. Les projets sont prêts.

---

(1) On ne tiendrait secrets que les projets qui, par leur nature, ne pourraient être publiés sans danger.

Jusqu'ici le ministre du commerce est le seul qui ait fait de véritables efforts pour apporter des améliorations aux lois qui nous régissent. Mais les travaux de ce ministre n'ont pas excité l'attention qu'ils méritaient, parce qu'ils ont été présentés isolément et, pour ainsi dire, en dehors du système général du cabinet. Comme aucun ministère n'a attaché de valeur politique aux lois d'une utilité réelle, celles qui ont été présentées ont été froidement accueillies par les chambres (1); mais le jour où ce sera par suite d'un système politique que l'on s'occupera de la solution des questions positives, les chambres y donneront certainement toute leur attention.

Lorsque le gouvernement se sera mis sur le terrain de l'utile, la cause des troubles aura cessé, et par suite la France jouira d'une grande prospérité agricole et industrielle.

Quand la France sera occupée de vastes entreprises d'utilité réelle, nous n'inspirerons plus de crainte aux souverains étrangers.

Maintenant notre révolution leur apparaît comme devant produire, partout où elle se propagera, une crise industrielle semblable à celle que nous subissons; mais lorsque cette même révolution aura réa-

---

(1) Le projet de M. d'Argout sur l'expropriation des propriétés privées pour cause d'utilité publique, malgré son immense importance, n'a pas même été l'objet d'un rapport dans la Chambre des Pairs à laquelle il avait été présenté.

lisé chez nous des améliorations favorables à toutes les classes de la société, nos voisins, quoique ne comprenant pas nos institutions politiques, feront appliquer chez eux les institutions civiles qui en auront été les fruits, comme ils ont adopté les codes de Napoléon, après lui avoir fait une guerre acharnée.

C'est alors que nous pourrons espérer d'obtenir le désarmement général de l'Europe.

Occupons-nous donc sans relâche de corriger les vices de nos lois, si nous voulons sérieusement la paix.

Il n'y a rien de plus pressé que de lever les obstacles qui s'opposent au développement des industries qui souffrent.

Lorsqu'il existera un grand nombre de travaux de tous genres, toutes les questions qui embarrassent maintenant la marche du gouvernement recevront une solution facile.

Les questions d'impôts elles-mêmes perdront beaucoup de leur importance ; car, si par son travail le peuple gagnait 4 à 5 fr. par jour, il s'inquiéterait peu d'être obligé de payer 8 ou 10 *centimes* par jour, pour sa part dans le milliard sous le titre d'impôt indirect, d'impôt personnel ou autres.

Le peuple ne se plaint du mode de répartition de l'impôt que lorsqu'il est sans ouvrage. La grande affaire pour lui, c'est d'avoir du travail. Le gouvernement doit donc aussi se proposer pour but principal de lever toutes les entraves qui s'opposent à ce que le peuple ait du travail.

Pourquoi l'invention d'une nouvelle machine dans un atelier excite-t-elle des plaintes de la part des ouvriers, et quelquefois des actes de violence? C'est parce qu'ils ne savent pas s'ils retrouveront le *travail* que leur enlève la machine nouvelle.

S'il y avait dans toutes les branches d'industries plus de travail que de bras pour l'exécuter, l'ouvrier, toujours certain d'être employé, verrait avec indifférence, peut-être avec joie, l'invention d'une nouvelle machine destinée à diminuer la somme des travaux pénibles, pour ne laisser à exécuter par l'homme que ceux pour lesquels son intelligence est indispensable.

Si d'immenses travaux s'exécutaient en France, il est certain que la crise politique qui nous agite serait bientôt calmée. Tous les partis se rallieraient sur le terrain de l'*utile*.

Quel serait maintenant le sort de la France et de toutes les autres nations de l'Europe, si tout l'or qui a été employé depuis deux ans, d'une manière si improductive en armemens de soldats, eût été utilisé dans des travaux créateurs; si, au lieu de se faire peur les uns aux autres, tous les peuples se fussent occupés d'améliorer leurs institutions intérieures, et d'exploiter, dans leurs intérêts, tous les trésors de la civilisation moderne?

Pour réaliser ce système, il faudrait dès maintenant :

1º Organiser le conseil d'état, à peu près comme l'était sous l'empire ; ce serait alors un préjugé en faveur d'un projet de loi que l'élaboration grave dont il aurait été l'objet dans le sein du conseil d'état. Les chambres voteraient des amendemens avec moins de légèreté, et lorsqu'un projet aurait été considérablement amendé, il serait renvoyé au conseil d'état, qui préparerait un projet nouveau pour la prochaine session ; ce qui aurait dû avoir lieu pour la loi sur la garde nationale.

2º Nommer des sous-secrétaires d'état qui auraient la signature de toutes les affaires administratives, et débarrasseraient les ministres en titre de tous les détails qui les empêchent de s'occuper de la marche générale des affaires.

3º Engager les chambres à tenir des séances le matin et le soir, comme cela a lieu en Angleterre.

Dans les séances du matin, on discuterait les lois d'utilité réelle ; les séances du soir seraient consacrées aux débats purement politiques. Ce serait dans ces séances que l'on demanderait et que l'on donnerait des explications snr la politique générale, sur la Belgique, sur Ancône, sur le Portugal, etc.

4º Ne pas suivre la presse, lorsqu'elle ne se livrerait qu'à une opposition de personnes, la ramener sans cesse aux questions d'utilité réelle, pour constater l'ignorance des écrivains politiquesqui ne savent faire que de la politique générale, et mettre en crédit ceux qui ont de véritables connaissances pratiques ; faire immédiatement passer dans les faits tout ce que la presse demanderait de réalisable.

5° Concentrer toute la pensée du gouvernement dans un seul journal, dans le *Moniteur*, par exemple, dont la rédaction serait confiée aux talens les plus distingués que la presse a produits, de manière à faire du *Moniteur* le meilleur journal de l'Europe. Une habile combinaison financière et une bonne direction pourraient facilement élever le nombre des abonnés de ce journal à plus de 100,000. Nous croyons à la possibilité de ce résultat, si le gouvernement veut entrer franchement dans le système politique indiqué dans la présente Note.

6° Faire en sorte que chaque année le budget ne soit qu'une affaire d'ordre, et non pas une occasion de remettre tout en question.

On y parviendrait, en ayant soin de présenter tous les ans une loi spéciale sur les améliorations qui pourraient être introduites dans les finances, sans désorganiser le service. En prenant ainsi l'initiative, on rendrait inutiles toutes les déclamations dont le budget est l'objet chaque année.

On engagerait les orateurs qui s'égareraient dans des généralités, à s'occuper de préférence des points que le projet spécial aurait indiqués comme immédiatement réalisables, ou bien à présenter d'autres projets spéciaux en vertu du droit d'initiative, rendu plus facile.

7° Si on ne croit pas devoir dès maintenant créer des sous-secrétaires d'état, et réorganiser le conseil d'état, chaque ministre pourrait donner aux chefs de division de son département l'autorisation d'expédier les affaires courantes sous leur responsabilité.

Ceux-ci n'en référeraient au ministre que dans les cas graves. Un des ministres actuels a déjà admis cette mesure, et il s'en trouve bien.

Il pourrait en outre être attaché à chaque ministère un ou deux commissaires spéciaux, qui auraient mission de rechercher toutes les améliorations qui pourraient être apportées dans les diverses branches de l'administration, tant sous le rapport législatif que sous le rapport réglementaire, et de provoquer la formation de telles commissions qu'ils jugeraient convenables ; tous les projets qui seraient présentés sur les matières ci-dessus indiquées et sur d'autres seraient adressés à ces commissaires.

La réunion de ces commissaires formerait plus tard un bon comité de législation dans le conseil d'état.

Ce comité serait présidé par l'un de ses membres.

Ce président pourrait être admis au conseil des ministres, dont il serait le secrétaire ; il veillerait à un point de vue général, à l'exécution des mesures qui seraient adoptées par le Conseil des ministres.

Par ce moyen, la théorie et la pratique seraient liées entr'elles, et se prêteraient un mutuel appui.

Pour obtenir des majorités, il ne suffit pas de présenter des noms propres, il faut articuler un système avec quelques développemens, et demander le concours des majorités pour réaliser ce système.

Il ne suffit pas non plus de dire que l'on veut *la charte et la paix*, il faut dire comment on veut ces deux choses.

Il n'y a pas de doute que les chambres prêteraient leur appui à la réalisation du système tracé dans la présente Note ; le seul programme de ce système suffirait pour les rallier au gouvernement.

Si, contre toute attente, les chambres refusaient de concourir à cette réalisation, on emploierait alors toute la puissance de l'initiative royale, et toute la force que lui prêterait l'opinion publique pour provoquer et réaliser une réforme parlementaire. Cette réforme aurait pour but d'augmenter le nombre des électeurs, et de déclarer tout électeur éligible.

Mais on ne provoquerait une réforme parlementaire, qu'après avoir constaté le refus des chambres actuelles à prêter leur concours à la confection de bonnes lois.

Ce système est susceptible d'être suivi, quelle que soit la solution qui sera donnée aux affaires de la Belgique.

Car si la question belge ne se termine que par l'intervention de nos armes, après cette conclusion, les puissances étrangères ne seront pas plus rassurées qu'elles ne le sont maintenant sur l'influence que notre révolution de 1830 peut exercer sur leurs peuples, nous calmerons leurs craintes en adoptant la politique de pacification intérieure tracée dans cette Note.

Et si les affaires de la Belgique traînent encore en longueur, l'attitude pacifique que nous donnera la politique proposée, nous mettra dans le cas d'obtenir des souverains étrangers des concessions auxquelles ils ne pourront souscrire, tant que durera la crise intérieure que nous subissons.

DECOURDEMANCHE.

30 Octobre 1832.

EVERAT, imprimeur, rue du cadran, n° 16.